Baby Lulu kann es schon!

Das Kindersachbuch zum Thema natürliche Säuglingspflege und windelfreies Baby

Text: Caroline Oblasser
Illustrationen: Regina Masaracchia

Bibliografische Information der Deutschen Nationalbibliothek
Die Deutsche Nationalbibliothek verzeichnet diese Publikation in der Deutschen Nationalbibliografie; detaillierte bibliografische Daten sind im Internet über http://dnb.d-nb.de abrufbar.

2. Auflage April 2013

Verlagsanschrift Anton-Hochmuth-Straße 8, 5020 Salzburg, Österreich
Internet www.editionriedenburg.at
E-Mail verlag@editionriedenburg.at

Lektorat Dr. phil. Heike Wolter
Satz und Layout edition riedenburg
Herstellung Books on Demand GmbH, Norderstedt

ISBN 978-3-902647-94-8

Inhalt

Wenn das Baby auch mal muss, ...

... ist das ganz normal! Doch die wenigsten wissen, dass Babys nicht ununterbrochen in die Hose lullen oder kacken, sondern einen bestimmten Rhythmus haben. Abhängig von den (Still-)Mahlzeiten sowie den Trage- und Schlafgewohnheiten eines Babys scheidet es Pipi und Kacka aus. Und mit ein bisschen Übung lassen sich diese Ausscheidungen auch ohne Windel auffangen.

Das sogenannte „Abhalten" von Babys bringt mehrere Vorteile, denn neben unglaublichen Mengen schlecht verrottbaren Restmülls verursachen Einwegwindeln vor allem eines: hohe Kosten. Je nach Wickeldauer kann pro Kind mit bis zu 2.000 Euro „Windelgeld" gerechnet werden.

Doch wer war zuerst da: die Windel oder das Baby? Ähnlich der weiblichen Brust, die auch bereits lange vor der Erfindung künstlicher Säuglingsnahrung dem Baby rund um die Uhr zur Verfügung stand, sollte beim windelfreien Baby nicht vergessen werden, dass die Wegwerfwindel eine Erfindung unserer Gesellschaft, das Baby aber so alt wie die Menschheit ist.

Dieses Kindersachbuch ist für ältere Geschwister, Mamas, Papas und andere Baby-Bezugspersonen geschrieben, die sich mit dem Gedanken an ein windelfreies Baby vertraut machen wollen. Vielleicht, weil sie nicht glauben können, dass es tatsächlich funktioniert...

Viel Spaß beim selber Ausprobieren und Staunen
wünschen die Autorinnen
Caroline Oblasser & Regina Masaracchia

Lukas ist sieben. Genau wie sein Hund Timmy. Der ist für einen Hund aber schon ganz schön alt und hat einen weißen Bart.

Weil Lukas neugierig ist, liest er fast jeden Tag ein Buch. „Endlich kann ich das, was mir Mama und Papa früher immer vorgelesen haben, auch selber lesen!", denkt er sich mal wieder, als er die Aufklärungsseiten seines Lieblingsbuches über Mamas, Papas und Babys durchblättert.

An Aufklärung und allem, was mit dem Kinderkriegen zu tun hat, ist Lukas derzeit besonders interessiert. Kein Wunder! Immerhin erwartet Mama Melanie in einigen Wochen ein Baby.

Bevor das Baby kommt, möchte Mama alles Wichtige einkaufen gehen.

„Wir haben zwar noch einige Schachteln Babykleidung im Keller, aber keine Windeln mehr", sagt sie eines Tages zu Lukas.

Aus seinen Büchern weiß Lukas, dass kleine Babys ganz oft Pipi und Kacka machen. „Es ist wohl keine gute Idee, so ein Baby ohne Windel herumlaufen zu lassen", meint er. „Bestimmt würde auch Timmy die Nase rümpfen, wenn es bei uns in der Wohnung muffelt!"

Mama nickt, und beide machen sich auf den Weg in den Supermarkt.

Die Familie

Mama Melanie | Lukas | Timmy | Papa Andi

Am schwarzen Brett in der Babyabteilung entdecken sie ein lustiges Plakat mit Babys drauf. Daneben hängt ein Zettel.

„Guck mal!", sagt Lukas zu Mama, die gerade ein Riesenpaket Windeln in den Einkaufswagen legt. „Die sind ja wirklich unglaublich teuer.", murmelt Mama. „Was gibt es denn, Lukas?"

Lukas streckt sich weit nach oben und liest laut vor: „Windelfrei-Treffen Popo-Pur, Jeden Mittwoch um 15 Uhr. Komm vorbei und entdecke die Fähigkeiten Deines Babys!"

„Welche Puppe?", fragt Mama verwirrt. Dann guckt sie auf das Plakat und liest den Zettel daneben ganz genau durch. Sie reißt einen kleinen Schnipsel davon ab und meint nur: „Das klingt ja interessant. Na, dann warte ich mit dem Windelkauf lieber doch noch bis Donnerstag!" Sie legt die Windeln zurück ins Regal, und beide fahren nach Hause.

Abends erzählt Mama auch Papa vom Plakat im Supermarkt. „Ich glaube, ich werde mit Lukas am Mittwoch zu diesem Windelfrei-Treffen gehen. Was meinst Du, Andi?" Papa räumt gerade den Tisch ab, klappert laut mit dem Geschirr und sagt nur: „Welche Windeln? Lukas braucht doch schon lange keine Windeln mehr!"

„Das Windelfrei-Treffen der Gruppe Popo-Pur!", lacht Lukas. „Das ist für Babys, Papa. Für unser neues Baby!"

Aber Papa versteht noch immer nichts. Er meint nur, dass jedes Baby Windeln braucht und diese dauernd voll sind.

a) Warum legt Mama die Windeln zurück ins Regal?

____

b) Wohin möchten Mama und Lukas am Mittwoch gehen?

____

Am Mittwochnachmittag gehen Mama und Lukas wie geplant zum Windelfrei-Treffen.

An der Tür klebt ein handgeschriebener Zettel. Auf dem steht: „Windelfrei-Treffen ‚Popo-Pur', Kursleitung Claudia Natür"

„Das rote Auto-Töpfchen hatte ich auch einmal!", ruft Lukas, als sie den Raum betreten.

Etliche Babys krabbeln auf einem weichen Teppich herum, und einige werden von ihren Mamas gerade aufs Töpfchen gesetzt.

„Hallo!", kommt eine Frau mit blonden Haaren auf sie zu. „Ich bin Claudia und leite die Windelfrei-Gruppe." „Hallo!", sagt Mama. „Ich bin Melanie, und das ist mein Sohn Lukas."

„Freust du dich schon auf das Baby, Lukas?", möchte Claudia wissen. „Klar!", sagt Lukas. „Kann unser Baby auch aufs Töpfchen gehen?", fragt er.

Claudia schmunzelt und meint: „Naja, selber noch nicht. Aber wenn deine Mama auf die Zeichen eures Babys achtet, wird sie rasch merken, wann es mal muss. Und du kannst das auch erkennen."

„Spitze!", freut sich Lukas.

Claudia schließt die Türe und begrüßt alle, die im Raum sind.

Dann meint sie: „Heute haben wir zwei Gäste: Melanie und ihren Sohn Lukas. Ich schlage vor, dass wir kurz von unseren verschiedenen Erfahrungen mit windelfreien Babys und natürlicher Säuglingspflege berichten. Wer möchte beginnen?"

a) Was entdeckt Lukas, als er mit Mama den Raum betritt?

____

b) Kann ein Baby von Anfang an aufs Töpfchen gehen?

____

„Dann erzähle ich einmal von unseren neuesten Erlebnissen!", meldet sich eine Mutter. „Ich heiße Rebekka, und das ist meine Alexandra. Alexandra ist jetzt drei Monate alt. Wir haben ja erst vor kurzem mit windelfrei begonnen. Ich kann es zwar kaum glauben, aber es funktioniert tatsächlich!" Lächelnd fügt sie hinzu: „Zumindest manchmal."

Während Rebekka redet, wird ihr Baby unruhig und quengelig.

„Ich wette, dass Alex Pipi machen möchte. Ich habe sie ja gerade eben erst gestillt", stellt Rebekka fest.

Sie nimmt ein rotes Töpfchen aus ihrer Tasche und klemmt es zwischen ihre Beine. Dann zieht sie dem Baby die Strumpfhose und eine winzig kleine Unterhose herunter und setzt es auf den Topf. „Wisiwisiwisi", flüstert sie ihm zu.

Alle müssen lachen, als das Baby schon nach kurzer Zeit furzt, ein komisches Geräusch von sich gibt und es dann hörbar laut ins Töpfchen plätschert.

„Seht ihr, ist das nicht toll? Brav, mein Schatzi! Und Kacki hast du auch gemacht. Prima!", lobt Rebekka ihr Baby.

„Darf ich sehen, was im kleinen Eimerchen ist?", fragt Lukas. Rebekka nickt. Gespannt guckt Lukas in den Topf.

„Puh, das war ganz schön viel Pipi für so ein kleines Baby. Und außerdem gelbes Matschekacka", berichtet er Mama anschließend von seinen Erkundungen. „Das ist Muttermilchstuhl", erklärt ihm Mama. „So sieht das Kacka von Babys aus, die nur Muttermilch bekommen. Es riecht ein bisschen nach Joghurt, ist dir das aufgefallen?"

„Nein", sagt Lukas, „ich hab mir die Nase zugehalten."

a) Was nimmt Rebekka aus ihrer Tasche heraus?

___

b) Was ist „Muttermilchstuhl" und wie riecht er?

___

„Ich beneide dich, Rebekka!", meint eine Mutter mit roten Igelhaaren.

Sie sitzt gemeinsam mit ihrem Baby auf der Turnmatte am Boden und hält einen Bauklotz in der Hand.

„Bei uns funktioniert gerade gar nichts. Ich bin drauf und dran, wieder Plastikwindeln zu verwenden", berichtet sie und zuckt dabei mit den Schultern.

„Und wie kam es dazu, Thea?", fragt Gruppenleiterin Claudia nach.

„Eigentlich waren wir schon fast ohne Unfall untertags", erzählt Thea. „Ich glaube, Michael hat gerade einen Wachstumsschub. Er ist jetzt 8 Monate alt und bekommt schon Beikost. Immer, wenn ich mir eigentlich sicher bin, dass er mal muss, versuche ich, ihn auf den Topf zu setzen. Aber er macht sich dann steif wie ein Brett und quietscht und meckert – da habe ich überhaupt keine Chance, ihn abzuhalten!"

„Das ist durchaus normal", sagt Claudia zu Thea. „So eine bockige Ich-mag-nicht-Phase kann ein paar Wochen andauern. Verlier nicht den Mut! Dein Baby hat jetzt Wichtigeres zu tun, als sich um seine Ausscheidungen zu kümmern."

Theas Baby gluckst zufrieden und krallt sich an Claudias Hosenbein fest.

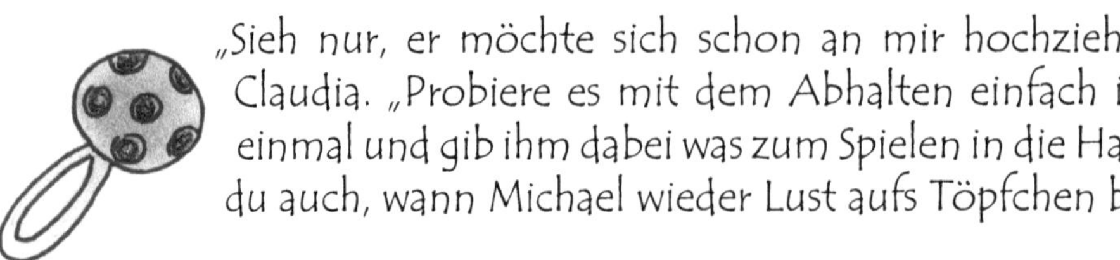

„Sieh nur, er möchte sich schon an mir hochziehen", bemerkt Claudia. „Probiere es mit dem Abhalten einfach immer wieder einmal und gib ihm dabei was zum Spielen in die Hand. So merkst du auch, wann Michael wieder Lust aufs Töpfchen bekommt."

a) Was meint Thea, wenn sie von einem „Unfall" spricht?

____

b) Warum mag Baby Michael momentan nicht auf den Topf?

____

„Du hast wohl recht", meint Thea. „Jedenfalls habe ich jetzt einiges an Windel-Ersatz ausprobiert, damit wir nicht ständig nasse Hosen haben."

Sie kramt in ihrer Tasche. Dann zieht sie ein lustiges blaues Ding mit Druckknöpfen an der Seite heraus. Hinten hat es eine aufgenähte Blume.

„Am besten gefallen mir diese handgenähten Wollfilz-Überhosen. Da lege ich eine gefaltete Mullwindel hinein. Dann das Baby, Hose vorne und hinten hochklappen, Druckknöpfe zu, fertig! Außerdem schwitzt Michael im kuscheligen Filz nicht, obwohl garantiert nichts durchgeht. Auch dann nicht, wenn man den Piesler mal nicht so rasch bemerkt."

Sie zieht eine Plastiktüte aus der Tasche.

„So sammle ich unterwegs die Pipi-Windeln. Die kommen zu Hause in den Eimer und werden alle zwei bis drei Tage gewaschen und getrocknet."

„Und was machst du, wenn er kackert?", möchte Claudia wissen.

„Das Kackern funktioniert zum Glück nach wie vor!", sagt Thea und guckt froh. „Michaels Verdauung klappt wie am Schnürchen: Morgens um 7 Uhr, direkt nach dem Aufwachen, lässt er sich von mir ganz selbstverständlich abhalten und macht eine große Wurst in das Töpfchen beim Bett. Da kannst du schon fast den Wecker danach stellen!"

Schon wieder lachen alle, und Mama und Lukas lachen auch.

gefaltete Mullwindel
als Nässeschutz
offene Wollfilz-
überhose
baby
boy
baby
boy
Druckknöpfe
Baby beim Krabbeln mit
Wollfilz-Überhose
Theas
Windel-Ersatz

„Wann kann man eigentlich mit windelfrei anfangen?", fragt Mama.

„Das kommt ganz darauf an, wie gut es dir nach der Geburt geht", meint Claudia. „Im Prinzip sofort, und vielen gelingt es sogar, Babys allerersten Stuhl, das Kindspech, abzuhalten."

Mama erklärt Lukas, dass das komische Pech auch Mekonium heißt und ganz schwarzes Kacka ist, das ziemlich klebt.

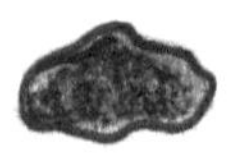

„Aber so ein kleines Baby pieselt doch fast ununterbrochen. Wie kann ich wissen, wann genau es mal muss?", möchte Mama wissen.

„Das ist eigentlich nicht so schwer", meint eine Mutter, die ihr schlafendes Baby gerade in einem schön gemusterten Tragetuch herumträgt.

„Nach dem Schlafen müssen Babys fast immer Pipi machen. Und wenn sie gestillt haben, in größer werdenden Abständen auch. Wenn sie im Tragetuch quengelig werden, dann stehen die Chancen ebenfalls nicht schlecht."

„Das klingt so, als würden Babys ständig pieseln", überlegt Lukas laut. Auch Mama runzelt die Stirn.

„Und was machst du, wenn du mal keinen Topf dabei hast?", fragt Mama.

„Dann gibt es vielleicht ein normales Klo, wo ich mein Baby drüberhalten kann", sagt die Tragetuch-Mama. „Oder zum Beispiel einen Randstein oder eine Wiese. Prinzipiell kann das Baby ja auch überall dort hinmachen, wo ein Hund hinmacht."

Gerade stellt sich Lukas vor, wie das Baby neben Timmy sein Pipi in die Wiese macht und dann noch eine laaaange Wurst oben drauf. Ob das für Babys überhaupt erlaubt ist, wenn es für Hunde verboten ist?

a) Woher weiß man, ob und wann ein Baby mal muss?

____

b) Worin trägt die Mutter oben rechts im Bild ihr Baby?

____

„Das ist ja alles schön und gut", überlegt Mama, „aber was mache ich in der Nacht? Woher soll ich da wissen, ob mein Baby aufs Klo gehen möchte?"

Eine Mutter, die gerade ihr Baby stillt, sagt: „Ich finde, nachts ist es am einfachsten. Normalerweise wacht ein Baby vor dem Pinkeln nämlich immer auf. Wenn sich Lisa also unruhig neben mir hin- und herwälzt und nicht hungrig sein kann, weil ich sie erst kürzlich gestillt habe, dann muss sie wahrscheinlich Pipi machen."

Sie streichelt ihrem Baby sanft über den Kopf. Dann sagt sie: „Wenn du dein Baby beim Pipimachen in der Nacht gleichzeitig stillst und es auf ein Töpfchen mit flauschigem Bezug setzt, wird es sich vermutlich auch nicht darüber beschweren, aufs Klo zu gehen."

„Ein warmes, gepolstertes Klo. Das will ich auch!", ruft Lukas begeistert.

Mama erinnert sich und sagt: „Bei meinem Großen hab ich früher immer gedacht: Der möchte schon wieder bei mir trinken? Das gibt's doch gar nicht! Manchmal hat er mir richtig in die Brust gezwickt. Auch das ewige Herumtragen in der Nacht hat nichts geholfen. Er wollte sich einfach nicht beruhigen. Hätten wir bloß damals schon gewusst, dass er nur pieseln muss. Wir hätten uns viele schlaflose Nächte erspart!"

„Mit dem Großen meint Mama wohl mich", denkt Lukas. Im Gegensatz zu Mama erinnert er sich aber nicht mehr daran, was damals passiert ist.

Nach einiger Zeit ist das Windelfrei-Treffen vorbei und alle verabschieden sich voneinander.

Abends erzählen Mama und Lukas Papa von dem Treffen. „Das klingt ja phantastisch!", sagt Papa. Aber so richtig glauben kann er das mit den windelfreien Babys noch nicht.

a) Was ist das „Stillen" und wo schläft ein Baby nachts?

____

b) Wie bleibt Babys Po auf dem Töpfchen warm?

____

Mama ist inzwischen kugelrund geworden und Hebamme Maja war fast jeden Tag zu Besuch. Gestern Abend ist sie gleich dageblieben, weil Mama Wehen bekommen hat.

Ganz in der Früh hat Lukas dann schon ein leises Quäken gehört.

„Du hast eine kleine Schwester bekommen", flüstert Mama ihm zu, als er ins Schlafzimmer kommt. „Wir wollen sie Leonie nennen."

„Leonie und Lukas – das gefällt mir!", sagt Lukas. Vorsichtig streichelt er Leonies Köpfchen. „Wo ist denn Maja?", möchte er dann wissen.

„Maja und Papa haben mich während der Geburt super begleitet. Vor einer Stunde ist Maja aber nach Hause gefahren, um selber ein bisschen zu schlafen. Sie kommt morgen wieder", erklärt Mama.

„Mama, was ist denn das?", möchte Lukas dann wissen. Er zeigt auf die Schüssel mit der dunklen Pampe neben dem Bett. „Leonie hat heute schon ihr allerersten Kacka gemacht, das Mekonium", antwortet Mama. „Ah, so sieht das also aus", sagt Lukas.

Auf einmal macht Baby Leonie die Äuglein auf. Die Kleine verzieht das Gesicht und grunzt leise. „Na, meine Süße", meint Papa, der gerade mit lecker belegten Brötchen und einem frisch gepressten Orangensaft zur Tür hereinkommt, „soll ich dich mal ein bisschen herumtragen, damit sich deine Mama ausruhen kann?"

„Warte mal, Andi. Das könnte ein Pipi-Alarm sein", sagt Mama. Sie wickelt Leonies Po vorsichtig aus dem roten Handtuch und hält Leonie über die Schüssel. „Wisiwisiwisi", sagt sie, und schon plätschert es. „Das ist lustig!", ruft Lukas. „Es macht Lulu! Baby Lulu!" Mama und Papa lachen. „Ja, der Name Baby Lulu passt tatsächlich sehr gut zu ihr!"

a) Was ist in der Nacht passiert?

____

b) Welchen Spitznamen gibt Lukas der kleinen Leonie?

____

Baby Leonie ist nun schon zwei Wochen alt. Aber sie hat noch nie eine Windel angehabt!

Untertags legt ihr Mama einen Waschlappen zwischen die Beine und wickelt sie dann ziemlich fest in ein viereckiges Tuch. Anschließend trägt sie Lulu ganz häufig im Tragetuch herum und schaut dabei ein bisschen so aus wie ein Känguru.

„Das ist ein Pucktuch", hat sie Lukas neulich erklärt, als er wissen wollte, warum das Baby eingewickelt wird. „Im Bauch der Mama ist es ziemlich eng. Wenn das Baby dann geboren wird, fühlt es sich aber gar nicht mehr heimelig, wenn nichts um es herum ist."

Auch heute steckt Mama Lulu mal wieder ins Tragetuch, weil sie gleich Essen kochen will. Doch kaum ist Lulu drinnen, fängt sie an zu raunzen.

„Hm, wahrscheinlich muss sie mal Pipi machen", meint Mama. Sie rollt den unteren Teil des Tuches nach oben und hält Lulu über das lachende lila Töpfchen. „Wisiwisiwisi", sagt Mama. Prompt macht es ffurzzzzissssch! Schon ist eine Pipi-Kacka-Ladung im Topf.

„Das ist wirklich toll, Mama!", sagt Lukas und geht mit Timmy und dem Töpfchen zum echten Klo. Dort kippt er den Inhalt hinein und spült danach kräftig runter. „Ich bin schon ganz gespannt, was Oma zu Baby Lulu sagt!", ruft er Mama aus dem Bad heraus zu.

„Wuff", bellt Timmy. Ob er wohl auch gerne so ein schönes violettes Töpfchen hätte?

a) Welchem Tier sieht Mama ähnlich und warum?

___

b) Was macht Mama, damit sich Baby Leonie wohlfühlt?

___

Am Samstag wollen alle mit dem Auto gemeinsam zu Oma Helga fahren. Beim Frühstück erzählt Mama, dass Baby Lulu in der Nacht zweimal gestillt und auch zweimal ins Töpfchen gepieselt hat.

„Es ist ganz anders als bei Lukas damals", meint Mama zu Papa. „Nach dem Pinkeln schläft Lulu direkt wieder ein. Sie scheint in der Nacht wirklich dringend Pipi machen zu wollen."

„Eigentlich hätten wir bei Lukas schon draufkommen können, dass das so ist", sagt Papa. „Aber wer denkt denn dran, dass sich so kleine Babys melden, wenn sie mal müssen?"

Als das Frühstück vorbei ist, gehen alle nochmal aufs Klo. Auch Leonie wird von Mama aufs Töpfchen gesetzt. „Wisiwisiwisi, Baby Lulu, mach dein Pipi", sagt Mama. „Wir wollen jetzt zu Oma fahren. Dafür kommst du in die Babyschale, und dort gibt es erst mal kein Töpfchen."

Interessiert guckt Lukas zu, aber es passiert nichts. „Hat Lulu heute eine Windel an?", fragt er etwas unsicher. „Sonst schwimmt das Auto, wenn sie nachher mal muss."

„Keine Angst, Lukas", beruhigt ihn Mama, „Baby Lulu hat heute eine Wollwalk-Überhose an und darin eingelegt eine gefaltete Mullwindel. Genau so, wie es die eine Mutter in der Windelfrei-Gruppe damals beschrieben hat. Deshalb kann selbst für den Fall, dass Leonie mal muss, nichts passieren."

Mama zieht Baby Lulu noch eine kleine Strumpfhose und eine flauschige Jacke an. Dann macht sie das Baby in der Babyschale fest. Als auch Mama, Papa und Lukas angeschnallt sind, kann es losgehen.

a) Was passiert, wenn man ganz viel trinkt?

____

b) Welche Bedenken äußert Lukas vor der Autofahrt?

____

Sie fahren über die Landstraße zu Oma. Eine endlose Weile später sind sie endlich da.

Oma wartet schon vor dem Haus und will Mama gleich die Babyschale abnehmen. „Moment mal, Mutti", meint Mama zu Oma, „die Kleine ist gerade aufgewacht. Sie möchte sicher noch Pipi machen."

Lukas kichert, weil er sieht, wie Timmy gerade an Omas Garagentor pieselt. „Timmy!", schimpft Oma, „Nicht dorthin! Geh zum Busch!"

„Genau", bestätigt Mama, „so wie Leonie." Plätscherplätscherplätscher macht es neben Lukas, und Baby Lulu guckt sehr zufrieden auf ihre ziemlich große Pfütze am Boden.

„Schön, dass du keine Wegwerfwindeln benutzt, Melanie!", lobt Oma. „Wenn man sich die Supermarktregale so ansieht, glaubt man ja fast, dass Babys mit Windeln am Po geboren werden."

Etwas später essen alle Omas leckere Obsttorte.

„Als deine Mama klein war, gab es noch keine Plastikwindeln", erklärt Oma Lukas. „Eine Waschmaschine zum Waschen von Stoffwindeln hatten wir auch nicht. Also haben Opa und ich versucht, der Kleinen so oft wie möglich überhaupt keine Windeln anzuziehen."

„Ohne Waschmaschine?", überlegt Lukas und weiß gar nicht, wie das gehen soll. Immerhin wäscht Mama zu Hause fast jeden Tag mit der Waschmaschine.

„So ein schönes Tragetuch", schwärmt Oma dann über Mamas Tragetuch, „das hätte ich damals auch gerne gehabt. Was habe ich mich mit dem klapprigen Kinderwagen abgequält!"

a) Warum schimpft Oma mit Timmy?

____

b) Wie hat Oma damals Wäsche gewaschen?

____

Oma kramt ein altes Fotoalbum aus dem Schrank. „Das ist eure Oma mit dem Kinderwagen Marke Rolloflor", meint sie und deutet auf ein Foto. „Einen Rolloflor zu haben, war damals etwas ganz Besonderes. Aber das sperrige Ding brachte ich kaum in die Straßenbahn."

Oma streicht Mama über die Schulter. „Du hast im Kinderwagen häufig geschrien, meine Liebe. Und die Ausgehwindel war auch meistens klatschnass, wenn wir vom Spaziergang zurückgekommen sind. Gut, dass sich die Zeiten geändert haben und es solch praktische Tragetücher gibt!"

Papa hilft Oma beim Abräumen und spült anschließend das Geschirr.

„Babys der Welt und ihre Pflege: TV-Dokumentation", liest Lukas laut in Omas Fernsehzeitschrift.

„Danke, dass du mich daran erinnerst, Lukas!", sagt Oma. „Gestern habe ich zufällig diese Sendung aufgenommen. Offenbar ist das ja genau euer Thema."

Oma startet die Wiedergabe, und der Film beginnt. Sie sehen Babys in China und in Indien. Auch Indianerbabys und Babys in der kalten Arktis werden gezeigt. Keines von ihnen hat eine Windel an! Genau wie Baby Lulu werden auch diese Babys von ihren Eltern, Geschwistern und anderen Verwandten getragen und abgehalten.

„Das ist ja interessant!", meint Papa, der sich auch ein bisschen von dem Film angeguckt hat. „Und ich dachte schon, windelfreie Babys gibt es nur bei uns."

a) Warum hat Oma den „Rolloflor“ nicht gemocht?

____

b) Gibt es andere Babys außer Leonie, die keine Windeln brauchen?

____

Am nächsten Tag gehen Mama und Lukas zum Schreibwarenhändler. Lukas braucht ein paar neue Hefte für die Schule und seine Wachsmalkreiden sind auch fast alle.

„Beeil dich, Lukas! Es ist schon kurz vor Ladenschluss!", ermahnt ihn Mama. Sie erreichen den Laden gerade noch rechtzeitig. „Darf ich mir noch eine Cowboy-Zeitschrift mitnehmen?", fragt Lukas Mama an der Kasse. Zum Glück sagt sie ja.

Auf einmal fängt Lulu im Tragetuch an zu wimmern. Bald weint sie so richtig doll los. „Baby, Baby", versucht Mama Lulu zu beruhigen und wippt auf und nieder. „Du kannst doch nicht schon wieder hungrig sein, kleine Maus?"

„Du hast sie vor dem Weggehen nicht aufs Töpfchen gesetzt!", erinnert Lukas seine Mama. „Ja, richtig! Wir hatten ja so wenig Zeit." Mama schiebt ihr elastisches Tragetuch vorne auseinander und nimmt Lulu vorsichtig heraus. „Gut, dass ich unser Töpfchen für unterwegs immer dabei habe."

Mama geht in die Hocke und klemmt sich das Töpfchen zwischen die Beine. Rasch macht sie Lulus Popo frei. Dann sagt sie „Wisiwisiwisi", und schon plätschert Lulu laut drauflos.

„Nanu, so ein kleines Baby und geht schon brav aufs Topfi?", meint die ältere Dame hinter ihnen. „Da sparen Sie sich aber viel Geld, wenn Sie keine Windeln brauchen!"

„Genau so ist es", antwortet Mama stolz, während sie Lulu zurück ins Tragetuch steckt. Dann geht sie mit dem Töpfchen nach draußen und kippt Lulus Pipi in den Gulli.

a) Welche Zeitschrift sucht sich Lukas aus?

____

b) Was denkt Mama zuerst, als ihr Baby anfängt zu wimmern?

____

Baby Lulu ist inzwischen zehn Monate alt. Weil sie kein schweres Windelpaket zwischen den Beinchen hat, ist sie ziemlich gelenkig und krabbelt Lukas fast überall hin nach.

„Sieh mal, Lukas!“, sagt Mama, als sie die Post von draußen mitbringt. Mama hält ein kleines Päckchen in der Hand. „Meine Bestellung mit den Trainerhosen ist gekommen!“

„Was sind das für Trainingshosen?“, möchte Lukas von Mama wissen. „Darf Lulu schon mit mir zum Fußballtraining gehen?“

„Aber nein“, lacht Mama, „das sind spezielle Anti-Pipi-Unterhosen. Die heißen nur so.“

Lukas nimmt eine der lustigen bunten Babyhosen in die Hand.

„Die sind ein bisschen dicker als meine Unterhosen“, bemerkt er.

„Stimmt“, sagt Mama. „Sie haben im Schritt, also dort, wo das Pipi bei Leonie manchmal landet, eine saugfähige Lage eingenäht. Wenn Lulu doch einmal etwas Wichtigeres zu tun hat, als mit uns aufs Klo zu gehen, dann gibt es mit den Trainerhosen nicht gleich eine Pfütze am Teppichboden.“

„Das ist eine sehr gute Idee“, sagt Lukas, „denn Pfützen auf der Straße mag ich zwar, aber in der Wohnung können wir sie eigentlich überhaupt nicht gebrauchen.“

„So“, meint Mama, „dann wollen wir die neuen Hosen einmal waschen, damit die Farbrückstände rausgehen und Leonie sie bald probieren kann.“

a) Warum bekommt Baby Lulu „Trainerhosen"?

---

b) Wie sieht Leonie aus, wenn sie eine Hose auf dem Kopf hat?

Am nächsten Tag sind die Mini-Unterhosen trocken. Mama nimmt sie von der Leine und zieht Lulu eine an. „Guck mal, Lukas", meint sie, „das sitzt doch prima! Damit können wir jetzt noch schneller und unkomplizierter mit Leonie aufs Klo gehen." Mama stülpt noch eine Strumpfhose drüber, und schon düst Lulu durch die Wohnung.

Als Lulu beim Wohnzimmerregal angekommen ist, gibt sie ein lustiges Geräusch von sich. „Ich glaube, sie muss mal!", ruft Lukas Mama zu.

„Eher nicht, Lukas", antwortet Mama, „sie versucht nur, den Ball auf dem Regal zu erreichen, siehst du?" „Hm", nickt Lukas.

„Aber in 20 Minuten könntest du recht haben", sagt Mama, „dann ist das letzte Pipi schon wieder eine Weile her."

„Darf ich nachher mal allein mit ihr aufs Klo gehen?", möchte Lukas wissen. „Aber klar!", antwortet Mama.

Als Lukas Baby Lulu später aufs Töpfchen setzt, plätschert sie gleich drauf los. Das ist ein Spaß!

Abends kommt Papa nach Hause. „Wie war dein Tag?", fragt Mama und gibt Papa einen Schmatz. Dann sagt sie: „Leonie hat Trainerhosen bekommen. Zieh' ihr zur Übung doch bitte gleich mal eine an! Ich habe nachher nämlich noch einen Termin beim Frisör, weil ich um acht mit Uta ins Theater gehe."

Papa schnappt sich Leonie. „Wie geht das denn mit diesen Spezialhosen?"

„Nicht so", sagt Lukas zu Papa. „Das sind fast ganz normale Unterhosen, einfach hochziehen!" Leonie gluckert. Sie findet es wohl lustig, auf dem Esstisch zu liegen und mit den Beinchen zu strampeln.

a) Was denkst du: Wie oft pro Tag macht Baby Lulu ihr Pipi?

____

b) Was passiert mit Leonie, wenn Mama außer Haus geht?

____

Beim Abendessen stillt Mama Lulu. Aber nicht mehr so viel wie früher. Leonie ist ja schon groß und darf sich das meiste, was am Tisch steht, selber nehmen.

„Schmeckt's?", fragt Lukas seine Schwester, als sie sich gerade ein riesengroßes Gurkenstück in ihren kleinen Babymund schiebt und der Gurkensaft bei den Mundrändern wieder rausrinnt. „Wawawa", meint Lulu, was übersetzt so viel wie „Ja, es schmeckt sehr gut!" heißt.

Nach dem Essen zieht Mama Lulu ihre bekleckerte Kleidung aus und lässt sie dann in frischen Anziehsachen am Wohnzimmerboden krabbeln. Papa und Lukas helfen Mama beim Abräumen. Aber dann hören sie, wie Lulu herumnörgelt. Sie schauen durch die Durchreiche und sehen, wie sie auf dem Boden mit dem Popo vor und zurück wippt.

„Ist ja gut, Leonie", sagt Mama. „Bevor ich zum Frisör gehe, marschieren wir noch zur Toilette, in Ordnung?" Mama nimmt Lulu hoch und geht mit ihr ins Bad. Dort zieht sie ihr die Strumpfhose und die Trainerhose aus und hält sie über das Klo.

„Wisiwisiwisi", sagt Mama, und schon schießt Lulu einen Mega-Strahl Pipi ins Klo. Lulu lacht, weil es sich so lustig anhört. Und wahrscheinlich auch, weil ihr der Entenklopapierhalter und die lustige Entenklobürste so gut gefallen.

Papa hat sich alles ganz genau angesehen und meint dann: „Melanie, du bist einfach ein Pipi-Profi. Ob ich das auch so gut schaffe?"

„Mach dir keinen Stress, Andi", sagt Mama. „Leonie wird dir schon sagen, wann es an der Zeit ist. Dann gehst du ganz einfach mit ihr aufs Klo." Mama zieht ihr Lieblingskleid an und marschiert davon.

a) Was isst Leonie beim Abendessen?

____

b) Warum lacht sie beim Pipimachen?

____

Papa und Lukas bleiben alleine zu Hause. „Werden wir beide das schaffen, Lukas?", fragt Papa. „Ganz bestimmt!", nickt Lukas. Dann bauen Papa und Lukas im Wohnzimmer hohe Türme. Sie versuchen es zumindest, denn Leonie macht alles kaputt. Nachdem sie auch noch eine Tasse Kakao umgeschüttet hat, zieht Papa ihr den Schlafanzug an.

Jetzt robbt Lulu zum Töpfchen und schlägt wie wild drauf ein. „Nicht, Lulu!", ruft Lukas. „Es kriegt noch ein Loch!" Sauer pfeffert die Kleine das Töpfchen in Richtung Badezimmer.

„Leonie, bitte gib Ruhe!", meint Papa genervt. Er ist gerade dabei, den obersten Stein auf die bunte Mega-Pyramide zu setzen, da quietscht Lulu „Bääääääähhhh!" und furzt ganz arg laut. „Oje!", sagt Lukas, „Kacka in der Hose!" „Wieso?", meint Papa und guckt ahnungslos.

Während sie noch überlegen, kommt Mama mit einer lustigen Kringelfrisur zur Tür herein. Lulu sitzt heulend am Boden. „Na, ihr drei Helden, alles klar? Vor dem Theaterbesuch möchte ich Leonie noch stillen." Mama guckt sich um. „Was ist hier passiert? Baby, warum weinst du denn?"

Als Mama Lulu hochnimmt, riecht sie die Bescherung. „Hm ...", meint sie nur und reicht die Kleine an Papa weiter. Wortlos geht Papa mit Leonie ins Bad und macht sie sauber.

Später einmal wird Lulu groß sein und kann dann – genau wie alle anderen – alleine aufs Klo gehen. Bis dahin helfen ihr Lukas, Mama und Papa. Meistens jedenfalls. Und wenn sie es mal vergessen, ist es ja auch nicht so schlimm.

a) Was macht Leonie, als sie dringend Kacka machen muss?

____

b) Wann wird aus Baby Lulu eine Klo-Königin?

____

Finde den Ausschnitt!

Schau nochmal genau hin und suche die passenden Bilder im Buch!

Tipp: Hier reißt Mama ein Zettelchen ab.

Tipp: Auch Lukas hatte mal so ein Auto-Töpfchen.

Tipp: Tragetücher gibt es in vielen Farben und Mustern.

Tipp: Das Buch „Ein Baby in unserer Mitte" liegt unter einem Tischchen.

Tipp: Oma sieht das gar nicht gern!

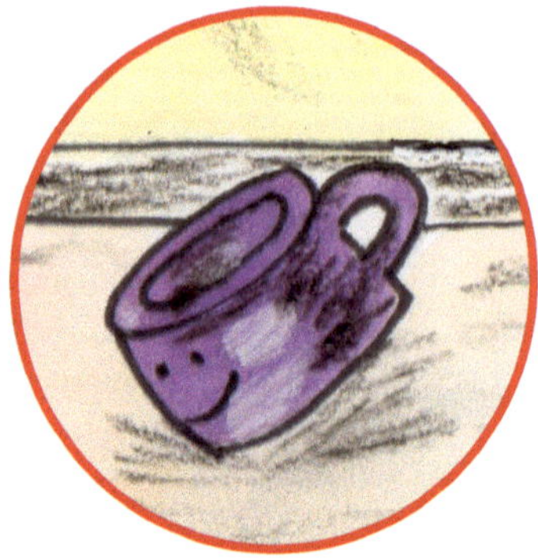

Tipp: Hier wird Leonie richtig sauer, weil sie mal muss...

Hier stimmt doch was nicht!

Im unteren Bilder sind 5 Fehler versteckt. Suche sie und kreise sie bunt ein!

Die Auflösung findest du auf Seite 47.

9a) Mama findet, dass die Windeln richtig teuer sind. Sie möchte deshalb erst das Windelfrei-Treffen besuchen und sich dort ansehen, ob es tatsächlich Babys gibt, die keine Windeln brauchen. Wenn das stimmt, dann braucht Mama vielleicht überhaupt keine Windeln mehr zu kaufen. Das würde Mama und Papa helfen, viel Geld zu sparen.

9b) Zum Windelfrei-Treffen Popo-Pur!

11a) Lukas entdeckt ein rotes Auto-Töpfchen. Genau so eines hatte er auch einmal.

11b) Nein, denn ein Baby ist anfangs noch so klein, dass es nicht einmal krabbeln kann. Aber seine Mama, sein Papa oder eine andere Betreuungsperson können dem Baby dabei helfen, die Toilette oder das Töpfchen trotzdem zu benutzen! Wenn man ein Baby „abhält", kann es seine Ausscheidungen z.B. über eine Schüssel machen und braucht nicht in die Windel zu pinkeln oder zu kacken. Das ist nicht nur angenehm für das Baby, sondern auch für die ganze Familie – denn es gibt keinen schmutzigen Kacka-Popo zu reinigen und das Windelgeld wird auch gespart.

13a) Rebekka hat für unterwegs ein kleines Asia-Töpfchen dabei, das sie aus ihrer Tasche nimmt. Dieses kleine Töpfchen mit aufgestülptem Rand kann man sich ganz einfach zwischen die Beine klemmen. So müssen weder Mama noch Baby am Boden sitzen, wenn das Baby mal muss. Außerdem braucht das Asia-Töpfchen sehr wenig Platz und ist sehr unauffällig, weil es nicht aussieht wie ein normales Töpfchen.

13b) „Muttermilchstuhl" nennt man das Kacka von Babys, die außer Muttermilch nichts anderes zu sich nehmen. Weil oben beim Baby nur Muttermilch reinkommt, stinkt das Muttermilch-Kacka auch nicht, sondern riecht ein bisschen nach Joghurt. Muttermilchstuhl ist bräunlich-gelb und relativ flüssig. Außerdem können kleine Flocken im Muttermilch-Kacka schwimmen, so wie bei saurer Milch. Wie häufig ein Baby Muttermilchstuhl abgibt, ist sehr unterschiedlich.

15a) Thea meint damit, dass Pipi (und manchmal vielleicht sogar Kacka) ihres Babys in die Hose gegangen ist.

15b) Baby Michael hat derzeit einfach Wichtigeres zu tun, als auf dem Topf zu sitzen und sein Pipi dort hineinzumachen. Wenn Babys wachsen, durchlaufen sie verschiedene

Entwicklungsschritte und erwerben neue Fähigkeiten. In ihrer „neuen" Welt kann sich innerhalb weniger Tage so einiges ändern. Bis das Baby den „Durchblick" wieder hat, bleibt es mitunter bockig und quengelt. Zum Trost: Auch die größte Bockphase geht irgendwann vorüber. Und selbst wenn ein windelfreies Kind lange nicht aufs Töpfchen wollte, kann es von einem Tag auf den anderen wieder Spaß daran finden. Dann ist der Töpfchen-Streik vorbei und alles funktioniert prima.

19a) Das ist eine gute Frage und für Menschen, die nicht täglich mit dem Baby zu tun haben, schwer zu beantworten. Ob und wann das Baby mal muss, hängt von verschiedenen Faktoren ab: Wann und was hat das Baby getrunken bzw. gegessen? Wird es getragen? Wie sind seine Schlafgewohnheiten? Nur die genaue Beobachtung des Babys hilft seinen Betreuern dabei, zu erkennen, ob und wann es muss. Aber selbst wenn man ein wirklicher Pipi-Profi wird, geht manchmal was in die Hose. Das ist ganz normal und kein Grund, am windelfreien Baby zu zweifeln.

19b) In einem hübschen und praktischen Tragetuch, das sie sich umgebunden hat.

21a) „Stillen" sagt man dazu, wenn das Baby an Mamas Brust saugt und dabei ihre Milch trinkt. Falls das Baby praktischerweise im selben Bett schläft wie seine Mama, braucht Mama zum Stillen nachts nicht aufzustehen. Es reicht, wenn sie sich im Halbschlaf zur Seite dreht und ihr Baby im Liegen stillt. Meistens schläft Mama dabei gleich wieder ein, denn das Stillen entspannt sie.

21b) Durch einen flauschigen Töpfchen-Überzug kann man verhindern, dass der warme Baby-Po auskühlt, wenn das Baby aufs Töpfchen gesetzt wird.

23a) In der Nacht ist Leonie, die kleine Schwester von Lukas, zu Hause geboren worden. Hebamme Maja und Papa haben Mama bei der Geburt geholfen.

23b) Lukas nennt die kleine Leonie „Baby Lulu". Er hat nämlich dabei zugeguckt, wie Mama sie zum Pinkeln über eine Schüssel gehalten hat. Und das, obwohl Leonie erst wenige Stunden alt ist!

25a) Mama sieht ein bisschen so aus wie ein Känguru, weil sie die kleine Leonie in einem Tragetuch am Bauch trägt.

25b) Damit sich die kleine Leonie wohlfühlt, stillt Mama ihr Baby und geht regelmäßig mit ihr aufs Töpfchen. Außerdem wickelt sie Leonie untertags in ein Pucktuch, trägt sie viel im Tragetuch herum und schläft mit ihr Seite an Seite im Familienbett. So fühlt sich Leonie geborgen und ist glücklich.

27a) Wenn man ganz viel trinkt, muss man auch häufig aufs Klo gehen. Babys trinken in den ersten Monaten nur Muttermilch, klar also, dass sie deshalb oft mal Pipi machen müssen.

27b) Lukas überlegt, ob das Auto vielleicht von Leonies Pipi überflutet werden könnte. Aber Mama geht auf Nummer Sicher und zieht Leonie für die Autofahrt unter der Strumpfhose eine Wollfilzhose mit gefalteter Mullwindel an. So kann nichts passieren, selbst wenn Baby Lulu während der Fahrt zu Oma Helga plötzlich mal muss und Papa gerade nicht anhalten kann.

29a) Oma mag es gar nicht, wenn Timmy an ihr Garagentor pieselt! Dann kommen nämlich alle anderen Hunde der Nachbarschaft, „lesen" die Piesel-Hundezeitung und schreiben einen neuen Beitrag, indem sie auch ans Tor pieseln.

29b) Oma hatte damals noch keine Waschmaschine und das Waschen war wirklich schwere Arbeit! Erst hat Oma ihren hölzernen Waschtrog mit heißem Wasser befüllt. Dann musste sie die Wäsche mühsam am Waschbrett schrubben und im heißen Wasser durchrühren, bis sie sauber war. Verständlich, dass Oma keine Lust dazu hatte, neben der normalen Wäsche auch noch vollgepieselte und vollgekackerte Windeln zu waschen!

31a) Der Rolloflor war sperrig, und außerdem hat Mama Melanie als Baby oft darin geweint. Wahrscheinlich, weil selbst der teuerste Rolloflor niemals so bequem und gemütlich sein kann wie ein Tragetuch, in dem das Baby seiner Mama ganz nahe ist!

31b) Aber natürlich! Die sogenannten „Naturvölker" verwenden nicht die uns bekannten Windeln, sondern erkennen meistens, wann ein Baby mal muss. Sie benutzen aber auch ab und zu „Windelersatz" (zum Beispiel Felle oder Moos zum Ausstopfen des Tragetuchs usw.). Aber auch bei uns wird es zunehmend „modern", auf teure Plastikwindeln und aufwändige Stoffwindeln zu verzichten und genau auf das zu achten, was das Baby einem sagt. Wer sein Baby gut kennt, der weiß, wann es Hunger bekommt, wann es müde wird – und wann es aufs Klo muss.

33a) Lukas sucht sich eine Cowboy-Zeitschrift aus.

33b) Mama überlegt, ob Leonie vielleicht hungrig sein könnte und stillen möchte.

35a) Weil Trainerhosen so bequem wie normale Unterhosen sind und Mama, Papa und Lukas damit ganz einfach und schnell mit Leonie pieseln gehen können. Das Praktische an Trainerhosen ist, dass sie einen mittelgroßen Piesler ohne Probleme auffangen und Baby Lulu keine Pfütze auf dem Boden hinterlässt, sollte sie mal einen „Unfall" haben. Damit Trainerhosen noch sicherer werden, gibt es verschiedene Arten von Schlupf-Überhosen, zum Beispiel aus Mikrofaser oder Wolle. Dann bleibt auch die (Strumpf-)Hose im Falle des Falles trocken.

35b) Sie sieht aus wie eine kleine Klo-Königin – findest du nicht auch?

37a) Das hängt ganz davon ab, wie häufig sie bei ihrer Mama stillt, wie oft und lange sie getragen wird und wie häufig sie schläft. Im Durchschnitt kann man bei einem Neugeborenen von rund 20 bis 25 Pieslern pro Tag ausgehen (Kapazität der Blase max. 30 ml). Dreijährige pieseln „nur noch" ca. 10 Mal pro Tag, wobei die gepinkelte Menge immer größer wird. Wenn ein Baby krank ist, kann es jedoch viel häufiger pieseln müssen und pieselt dann unter Umständen auch im Schlaf.

37b) Dann passen Papa und Lukas auf Leonie auf. Damit Leonie zu Hause brav ist, stillt Mama ihre Leonie noch, bevor sie aus dem Haus geht. Mama bleibt auch nicht zu lange fort.

39a) Leonie ist jetzt schon 10 Monate alt und darf sich beim Abendessen das meiste von dem nehmen, was sie probieren möchte. Zusätzlich wird sie von Mama noch gestillt.

39b) Das Pipimachen gefällt Leonie! Es plätschert lustig, und außerdem mag sie die lustigen Enten auf dem Klorollenhalter und auf der Klobürste.

41a) Leonie schlägt mit der Hand aufs Töpfchen und wird richtig sauer, weil ihr Kacka sie drückt! Aber Papa und Lukas achten nicht auf Leonies Signale. Sie bauen nämlich gerade eine hohe Pyramide und sind abgelenkt. Arme Leonie! So bleibt der Kleinen nichts übrig, als in die Hose zu kackern.

41b) Das weiß keiner so genau, denn jedes Kind ist dabei unterschiedlich schnell. Aber alle besteigen, sobald sie dazu bereit sind, früher oder später den Klo-Thron und fühlen sich dort wahrhaft königlich!

Auflösung Fehlersuche: Schachtel der Malkreiden; Ohrring der älteren Dame; Weste des Verkäufers; Zeitschriften-Bär; Tragetuch-Knoten

Windelfrei – wie kann das klappen? Infos für Erwachsene

Vorbemerkung

Inzwischen gibt es einige Bücher über „Windelfreie Babys", die verschieden „streng" mit dem Thema umgehen. Manche Autorinnen empfehlen, das Baby untertags und auch nachts möglichst unbekleidet im Tragetuch zu tragen bzw. auf dem wasserabweisenden Lammfell schlafen zu lassen, um so vollkommen eins mit dem Kind zu werden. Und selbst wenn in manchen Breitengraden und in manchen Alltagssituationen ein Tragen des nackten Babys im Tragetuch und ein Schlafen des nackten Babys auf Lammfellen praktiziert werden können, so ist es dennoch sehr wahrscheinlich, dass spätestens im mitteleuropäischen Winter dem Baby Wäsche und Kleidung angezogen werden müssen, damit es nicht friert. Doch was ist dann mit der windelfreien Methode?

Windelfrei in der Praxis

Bieten Sie Ihrem Baby immer wieder das Töpfchen oder eine andere Abhalteposition an und freuen Sie sich, wenn es klappt! Erfolgreiches Windelfrei ist auf vier Säulen aufgebaut: 1. Signale, 2. Timing, 3. Intuition, 4. Kommunikation.

Wenn Sie im Sommer mit der windelfreien Methode beginnen, lassen Sie Ihr Baby so oft wie möglich leicht- bzw. unbekleidet und beobachten Sie seine Ausscheidungen, um davon zu lernen. Wenn Sie zu einer Zeit mit der windelfreien Methode beginnen wollen, in der es draußen kalt und auch in der Wohnung nur mäßig warm ist, so haben Sie es eventuell etwas schwerer. Sie können dann, wie im Text der Geschichte beschrieben, Ihr Baby unter der Kleidung zum Beispiel mit kostengünstigen Mullwindeln und einer Wollfilz-Überhose vor übergreifender Nässe schützen und durch regelmäßiges Fühlen („Finger-Sensor") ertasten, wann und wie oft das Baby Pipi macht. Kacka merken Sie ohnehin rasch am Geruch. Verlassen Sie sich auf Ihr Gefühl und beobachten Sie, wann Sie selbst auf die Toilette gehen. Möglicherweise muss Ihr Baby zur gleichen Zeit – und einige Male zwischen Ihren eigenen Toilettenbesuchen.

Erfolgreich sein „unten ohne"

Wie „erfolgreich" Sie mit der windelfreien Methode sind, hängt von mehreren Faktoren ab:

- Je früher Sie damit beginnen, desto eher und besser lernen Sie, die Ausscheidungskommunikation Ihres Babys zu verstehen.
- Je genauer Sie Ihr Baby beobachten, desto leichter fällt es Ihnen, die „einschlägigen" Zeichen zu interpretieren und richtig zu deuten.

- Je stärker Sie sich auf Ihre Intuition verlassen und dem Baby zutrauen, nicht nur Hunger und Durst, sondern auch seine Ausscheidungen mitzuteilen, desto leichter fällt es Ihnen, sich selbst mit der windelfreien Methode wohlzufühlen.

Tipps für den Start

Alles in allem können Sie folgende Tipps für windelfreie Babys probieren:

- Vereinfachen Sie das Wickelsystem Ihres Babys, sofern Sie vom gewickelten Baby zu windelfrei wechseln möchten. Vereinfachen Sie auch die Bekleidung Ihres Babys. Tipps zu windelfreier Kleidung finden Sie im Glossar unter dem Stichwort „Kleidung für windelfreie Babys und Kleinkinder".
- Eine sehr gute „Trefferquote" gibt es direkt nach einem Schläfchen oder nach dem Stillen bzw. Füttern.
- Wenn das Baby im Tragetuch quengelt, im Kinderwagen schreit oder sich anderweitig augenscheinlich unwohl fühlt, obwohl es satt und nicht müde ist, muss es eventuell seine Blase bzw. seinen Darm entleeren.
- Ein Baby, das sich nicht abhalten lassen will, kann eventuell durch interessantes Spielzeug Gefallen an einer „Sitzung" finden. Ähnlich größeren Kindern bzw. Leuten wollen auch Babys nicht gerne im Spiel unterbrochen werden. Wenn Sie sich selbst ein Buch mit aufs Klo nehmen, so möchte vielleicht auch Ihr Baby beim Pipi- und Kackamachen ein bisschen Unterhaltung.

Ungezwungenheit und Spaß am Probieren

Bei aller Liebe zum windelfreien Baby sollten Sie eines nicht vergessen: Den Spaß an der Sache. Der vergeht Ihnen vielleicht, wenn das Baby einmal krank ist oder Sie sich selber nicht wohlfühlen, weil Sie zu wenig geschlafen haben. Ihr Baby wird, selbst wenn es einige Tage einmal nicht abgehalten wird, das „Wissen" um seine Ausscheidungen nicht verlernen und Sie können nach einer kreativen Pause wieder gemeinsam neu durchstarten. Ähnliches gilt für den Fall, wenn das Baby z.B. von einem Babysitter betreut wird, der mit der windelfreien Methode nicht klarkommt. Machen Sie fremden Bezugspersonen deutlich, dass die Ausscheidungen eines Babys genauso natürlich sind wie seine Nahrungsaufnahme und dass Babys Pipi und Kacka nicht zwangsläufig in einer Windel weggeschlossen werden muss – selbst wenn die Werbung dies suggeriert, um möglichst viele Windeln zu verkaufen.

Und noch ein Tipp zum Schluss: Tragen Sie dieses dünne Büchlein bei sich, wenn Sie mit Ihrem windelfreien Baby unterwegs sind. So können Sie interessierten Personen das Thema „windelfrei" rasch und unkompliziert näherbringen.

Glossar

Das Glossar erhebt keinen Anspruch auf Vollständigkeit

Abhalten: Als „Abhalten" werden Positionen bezeichnet, die es der Bezugsperson ermöglichen, das Kind derart über das Klo, das Töpfchen, die grüne Wiese oder andere Örtlichkeiten zu halten, damit es Pipi und/oder Kacka unschwer abgeben kann. (Kleinst-)Babys kann man mit dem Rücken zum eigenen Bauch an den Unterschenkeln z.B. über eine Schüssel halten, damit sie ungehindert ausscheiden können. Wenn ein bereits größeres Baby von der Bezugsperson auf das Töpfchen gesetzt wird, kann auch dieser Vorgang als „Abhalten" bezeichnet werden. Beim Abhalten sollte bedacht werden, dass es sich zwar um ein kleines Baby handelt, das „mal muss", dass aber auch dieses kleine Baby schon ziemliche Mengen von Pipi und Kacka produzieren kann, die mitunter sachgerecht entsorgt werden müssen und nicht einfach hinter die nächste Ecke gekippt werden dürfen.

Beikost: Beikost nennt man Nahrung, die ein Baby zusätzlich zum Stillen zu sich nimmt. Die meisten Babys entdecken um den sechsten Lebensmonat herum ihren Spaß an fester Nahrung und beginnen während der Familienmahlzeiten, nach dem Essen auf dem Tisch zu greifen. Wenn ein Baby Interesse an mehr als der mütterlichen Brust zeigt, so darf man zumeist dem Instinkt des Babys trauen. Für die allererste Beikost eignen sich Nahrungsmittel wie Kartoffel, Kürbis, Karotte, Apfel oder Reis. Verschiedene Organisationen empfehlen, das Baby sechs Monate voll zu stillen und dann nach und nach Beikost anzubieten bzw. einzuführen. Die Beikost sollte das Stillen jedoch nicht ersetzen, sondern ergänzen. Es ist empfehlenswert, bis über das zweite Lebensjahr hinaus zu stillen, und weiter, wenn Mutter und Kind dies wünschen.

Erreichbarkeit von Töpfchen und Klo: Ein Töpfchen, das ein Stockwerk höher hinter der Badezimmertüre versteckt steht, wird im dringenden Fall vom Kind nicht erreicht. Da Kinder, wenn sie klein sind, ziemlich genau dann müssen, wenn es fast schon zu spät ist, sollte das Töpfchen am besten griffbereit stehen. Geht das Kind bereits selbständig auf die Toilette, so ist dafür zu sorgen, dass es nicht hineinfallen kann (z.B. mittels Toilettensitzverkleinerer) und dass es die Toilette unschwer erreichen kann (z.B. mittels einer Toilettentreppe bzw. eines kostengünstigen Plastikhockers).

Familienbett: In vielen Ländern unserer Erde ist es selbstverständlich, dass Eltern und ihre Kinder gemeinsam schlafen. Als Schlafplatz kann ein großes Familienbett dienen, doch auch Matratzen oder Futons auf dem Boden können sehr gemütlich sein. Die Schlafmöglichkeiten sind so vielfältig, wie es die Familien und die Bedürfnisse der einzelnen Menschen sind. Das gemeinsame Schlafen von Mutter und Baby im Bett oder auf einer Matratze erleichtert das Stillen. Stillen vermindert das Risiko für den plötzlichen Kindstod. Auf eines sollte jedoch beim gemeinsamen Schlafen von Eltern und ihren Babys unbedingt geachtet werden: die Schlafumgebung muss sicher gestaltet sein.

Hausgeburt: Eine Hausgeburt, betreut von einer speziell für die Hausgeburtshilfe ausgebildeten *Hebamme*, ist zumeist eine sehr schonende Art für ein Baby, zur Welt zu kommen. Auch die meisten Mütter erleben die private Geburt in den eigenen vier Wänden als beglückend und würden sehr gerne wieder zu Hause gebären. Bei einer Hausgeburt wird das Baby nicht unnötig von seiner Mama getrennt, und Geburtsverletzungen bei der Mutter sind selten. Auch das Stillen klappt nach einer Hausgeburt meist sehr gut, da Mutter und Kind im Gleichgewicht sind und kein Druck von außen aufgebaut wird, etwa durch überlastetes Klinikpersonal, das vorschnell zufüttern möchte.

Hebamme: Die Hebamme begleitet die Frau bei einer geplanten Hausgeburt bereits während der Schwangerschaft. Sie steht für die Geburt auf Abruf bereit und ist auch für Fragen des Wochenbetts (Stillen, Rückbildung, Umgang mit dem Neugeborenen, ...) erste Ansprechpartnerin. Auch wenn es natürlich die schwangere Frau ist, die das Baby zur Welt bringt, so ist gute Hebammenbetreuung dennoch sehr wertvoll. Denn unter Wehen bejahen viele Frauen im klinischen Gebärumfeld unnötige medizinische Eingriffe, was einen an und für sich normalen Geburtsverlauf eventuell stoppen kann oder unnötig schmerzhaft macht. Nicht selten kommt es dann in der Klinik zu Dammschnitten, „Kaiserschnitt"-Operationen oder Zangen- bzw. Saugglockenentbindungen. Hausgeburtshebammen wissen um die physiologischen Prozesse der Geburt Bescheid und veranlassen nur bei Auffälligkeiten die Verlegung ins Krankenhaus.

Hilfe und Begleitung beim Klogang: Babys, die von ihren Bezugspersonen abgehalten werden, erfahren automatisch Hilfe und Unterstützung bei der Ausscheidung von Pipi und Kacka. Aber auch größere Kinder gehen manchmal nicht gerne alleine aufs Klo und wollen dorthin begleitet werden. Dafür sollten sich Erwachsene immer genug Zeit nehmen, denn die regelmäßige und ungezwungene Ausscheidung von Pipi und Kacka ist genauso wichtig wie Essen und Trinken und ein fester Bestandteil des Alltags mit dem (Klein-)Kind.

Intuition: Beim windelfreien Baby spielt die Intuition der Bezugsperson eine große Rolle. Die Ahnung, das Baby könnte mal müssen, führt oft zur Erkenntnis, dass das Baby tatsächlich muss – oder gerade eben gemacht hat.

Kacka, Kot: Das Kacka (auch „Stuhl" genannt) eines Neugeborenen (siehe *Mekonium*) unterscheidet sich sehr vom späteren Milchstuhl. Dieser riecht etwas nach Joghurt und hat eine gelb-flüssige Konsistenz. Je nach Verdauung kann es sein, dass Babys mehrmals täglich Stuhlgang haben, wenn sie voll gestillt werden, oder aber auch nur sehr selten. Sobald zugefüttert wird (also nach Einführung der Beikost, siehe *Muttermilch*), verändert sich das Kacka des Babys. Es wird fest, und das Baby kann richtig schöne, lange Würste legen, die denen eines Erwachsenen ähnlich sehen und auch in etwa so riechen. Babys, die windelfrei aufwachen, haben meist eine regelmäßige Verdauung, sodass sie nicht mehrmals täglich kleine Portionen in die Windel kacken, sondern große Portionen Kacka auf einmal in den Topf machen.

Kindspech: siehe *Mekonium*

Kleidung für windelfreie Babys und Kleinkinder: Eher untauglich für Anhänger der windelfreien Methode sind im Schritt zugeknöpfte Bodys oder Ganzkörperanzüge. Denn selbst wenn der eigentliche Weg zum Stillen Örtchen bzw. Töpfchen nicht weit ist, so kann ein komplex eingeknöpftes Kind gar nicht rasch genug entkleidet werden, bevor nicht der „Unfall" schon in der Hose ist. Wenn Babys / Kleinkinder auf die Toilette müssen, dann sofort – und nicht erst in 5 Minuten. Daher sind Zweiteiler zu bevorzugen (Unterhemd / Strumpfhose). Das Tragen von Latzhosen führt mitunter sogar bei älteren Kindern zu Hosenpieslern (etwa dann, wenn der Trägerverschluss sich nicht auf Anhieb öffnen lässt, weil er klemmt). Wer bereits Bodys angeschafft hat, lässt diese einfach unten offen und verwendet sie wie ein überlanges Unterhemd, was praktisch ist und die empfindlichen Nieren wärmt.

Manche Anhänger der windelfreien Methode favorisieren sogenannte „Schlitzhosen" („Split pants"), wenn es darum geht, ein Baby bzw. Kleinkind möglichst rasch (unterwegs) abzuhalten. Diese Hosen sind im Schritt mit einem Schlitz versehen. Die geschlitzten Teile lappen dabei entweder etwas übereinander (diskrete Variante) oder klaffen etwas auseinander (offenherzige Variante, speziell für die häusliche Verwendung). Vorteile der Schlitzhosen: Das Abhalten geht blitzschnell und das Kind muss – besonders draußen oder in kühlerer Jahreszeit – die Hose nicht komplett runtergezogen bekommen, da es sein Geschäft durch den Schlitz verrichten kann. Auch wird die Kleidung, sofern keine weitere Wäsche getragen wird, bei einem Pipi-„Unfall" nicht komplett nass. Ältere Kinder können – so sie es bereits bewerkstelligen, alleine aufs Töpfchen zu krabbeln – dieses ohne fremde Hilfe besuchen und dort ihr Geschäft verrichten. Schnittmuster für zu nähende Schlitzhosen findet man zum Beispiel im Internet (Suche „Nähanleitung Schlitzhose").

Krankes Baby: Wenn das Baby krank ist, kann es sinnvoll sein, vorübergehend Windeln zu verwenden. Im Krankheitsfall verliert das Baby möglicherweise seine gewohnten Abhalte-Rhythmen und möchte oftmals überhaupt nicht abgehalten werden. Hier gilt: Schlaf und Erholung gehen vor und sind jedenfalls weitaus wichtiger als „Windelfrei-Treffer".

Mekonium: Als Mekonium bezeichnet man das allererste, schwarz-grün-klebrige Kacka eines Neugeborenen. Mekonium ist der Fachbegriff für das deutsche Wort *Kindspech*. Es besteht u.a. aus Rückständen von Fruchtwasser, verschluckten Haaren, Gallenflüssigkeit und Schleim. Frühes und häufiges Stillen beschleunigt durch die abführende Wirkung der *Muttermilch* (Kolostrum) die Ausscheidung des Mekoniums.

Muttermilch: Die Muttermilch, die das Baby beim Stillen zu sich nimmt, ist die natürlichste und gesündeste Babynahrung. Sie ist immer genau auf die Bedürfnisse des Babys abgestimmt, hat viele Antikörper und ist immer hygienisch einwandfrei und in der richtigen Temperatur vorhanden. Muttermilch schmeckt lecker und kostet außerdem kein Geld. Mama und Baby bleiben, wenn voll gestillt wird, mobil und müssen sich nicht an Fläschchenzeiten halten, zu denen Wasser abgekocht, abgekühlt und anschließend mit dem gekauften Milchpulver in vorher vorbereiteten Flaschen vermengt werden muss. Beim Stillen kann ein Baby innerhalb weniger Sekunden an die Brust angelegt werden, wo es den herrlichen Duft und die Wärme seiner Mama wahrnimmt und meistens sehr rasch zur Ruhe kommt. Auch für die Mutter ist Stillen gesund und kann sehr schön sein. Probleme wie wunde Brustwarzen geben sich meist nach den ersten Wochen. Statt abzustillen ist es ratsam, sich bei Problemen an die Hebamme, eine Stillfachperson oder eine Freundin mit positiver Stillerfahrung zu wenden. Muttermilch hat eine abführende Wirkung, sodass gestillte Babys nicht an Verstopfung leiden. Auch später, wenn *Beikost* eingeführt wird, ist zusätzliches Stillen gut für eine sorgenfreie Verdauung des Babys.

Muttermilchstuhl: *siehe Kacka / Kot*

natürliche Säuglingspflege: Ganzheitlicher Begriff, der Kommunikation und Körperkontakt der Eltern bzw. weiterer Bezugspersonen mit dem windelfreien Baby beschreibt.

ohne Windel: siehe *windelfreie Babys*

Pipi: Ein Baby macht, vor allem, wenn es noch voll gestillt wird, sehr häufig Pipi, denn *Muttermilch* besteht zu rund 90% aus Wasser. Wie häufig ein Baby Pipi macht, hängt unter anderem davon ab, wie oft das Baby schläft und wie lange es getragen wird. Viele glauben, dass Babys ununterbrochen pinkeln, aber das stimmt natürlich nicht. Das Pinkeln geschieht vielmehr in einem bestimmten Rhythmus: häufig nach dem Stillen, und dann in größeren Abständen. Wer Babys (z.B. im Sommer) beobachtet, wenn sie keine Windeln anhaben, der wird diese Rhythmen bald verinnerlichen. Interessant zu wissen: Ein sechs Monate altes Baby kann bereits rund 1/8 Liter (125 ml) Flüssigkeit in seiner Blase speichern, ein 12 Monate altes Baby bereits rund 200 ml Flüssigkeit. Sogar wenn das Baby in der Nacht mehrmals stillt, muss es häufig erst Stunden später aufs Töpfchen und wird zwischenzeitlich nicht wirklich wach. Babys – es sei denn, das Baby ist *krank* – pinkeln nicht im Tiefschlaf. Sie wachen davor auf oder wechseln in die REM-Phase. Die „Trefferquote" direkt nach einem Schläfchen ist für Anfänger der windelfreien Methode somit sehr hoch.

Pucktuch / Pucksack: Pucktücher sind Decken bzw. Tücher, in die das Baby auf eine spezielle Art eingewickelt wird. Babys Arme werden dabei gerade an den Körper angelegt und mit eingewickelt. Durch die enge Begrenzung fühlt sich das Kind geborgen und wohl, denn während der Schwangerschaft hat es schließlich rund 40 Wochen in solch einer „Hülle" gewohnt. Unkontrollierte Bewegungen, durch die sich das Baby selbst stört, werden im Pucktuch/Pucksack gestoppt. Pucken unterstützt und bewahrt die Wärmeregulation. Das Pucken ist eine uralte Form einer Wickeltechnik, die bei Neugeborenen und Säuglingen zum Einsatz kommt und häufig von Fachpersonal empfohlen wird. Das wohl berühmteste „gepuckte" Baby ist das Christuskind. Manche Hersteller bieten fertig genähte Schlupfsäcke als sogenannte „Pucksäcke" an. Diese eignen sich für Babys von 0 bis etwa 6 Monaten. Ab einem Alter von 6 Monaten sollte nicht mehr gepuckt werden, da das Kind sich auf den Bauch drehen könnte und nicht mehr von selbst zurückkommt.

Saubermachen: Ein sehr großer Vorteil der windelfreien Methode ist der, dass Ihr Baby speziell nach dem großen Geschäft im Handumdrehen sauber gemacht ist. Meist reicht die Verwendung eines trockenen Taschentuches vollkommen aus, und häufig gibt es überhaupt nichts am Popo zu putzen. Während viele Babypfleger nicht ohne Feuchttücher oder gar Wundschutzcreme auskommen, benötigen windelfreie Babys in der Regel nichts dergleichen. Denn ein Po, der nicht in seinen eigenen Ausscheidungen / Exkrementen liegt, wird nicht wund und benötigt daher auch keine diesbezügliche Heilung. Sie ersparen Ihrem Baby durch eine natürliche Säuglingspflege hässliche und schmerzhafte Windelausschläge (sogenannte „Windeldermatitis"), die bei der Verwendung von Windeln (Plastik, aber auch Stoff) keine Seltenheit sind.

Selbsterkundung: Vielleicht nicht der wichtigste Aspekt der windelfreien Methode, aber auch zu berücksichtigen. Denn wenn Ihr Baby nicht tagein, tagaus in Windeln eingepackt ist, lernt es seinen Körper besser kennen und kann sich regelmäßig selbst befühlen. Auch sehr kleine Babys haben schon viel Spaß an dieser Art der Selbsterkundung.

Stillen: siehe *Muttermilch*

Stuhl / Stuhlgang: siehe *Kacka / Kot*

Toilettensitzverkleinerer: Kinder haben einen viel kleineren Po als Erwachsene und würden daher unter Umständen ins Klo fallen, wenn sie ohne Hilfe eines Erwachsenen darauf Platz nehmen. Es gibt verschiedene Arten und Formen von Toilettensitzverkleinerern, die auf die WC-Brille gelegt werden, um diese auf Kinderpogröße zu verkleinern. Günstige Varianten sind aus Plastik und nicht verstellbar, andere Sitzverkleinerer können stufenlos an die WC-Brille angepasst werden und bieten so optimalen Komfort, da sie nicht verrutschen. Varianten mit (Schaum-)Stoffbezug sollten beim Kauf auf ihre einfache Säuberung hin betrachtet werden.

Töpfchen: Als „Töpfchen" werden verschiedene Gefäße bezeichnet, in die Babys und Kinder ihr Pipi und Kacka machen können. Es gibt das sogenannte „Asia-Töpfchen", das für Kleinstbabys, aber auch für größere Kinder (z.B. unterwegs) bestens geeignet ist, weil es durch seine spezielle Hutform von der Betreuungsperson zwischen die Schenkel geklemmt werden kann, während das Kind darüber gehalten wird bzw. darauf Platz nimmt. Andere Töpfchen, z.B. in Form eines Autos, einer Schildkröte oder eingearbeitet in komplexe Sitz-Kombinationen mit Rückenlehne, stehen kippsicher am Boden, sodass sie vom Kind leicht erreicht werden können. Es gibt Töpfchen, die nur wenige Euro kosten, aber auch solche, die sehr luxuriös ausgestattet und dementsprechend teurer sind, weil sie zum Beispiel Musik machen, wenn sie „befüllt" werden. Für manche Töpfchen bieten die Hersteller flauschige Überzüge aus Stoff an, damit der Kinderpo nicht kalt wird, wenn z.B. in der Nacht eine Töpfchen-Sitzung fällig ist. Solche Überzüge lassen sich mit etwas Geschick aber auch in der eigenen Nähwerkstatt herstellen. Damit ein Kind gerne aufs Töpfchen geht, ist es sinnvoll, dass es dieses selbst auswählen darf, denn nicht jedes Töpfchen ist gleichermaßen bequem. Ein Töpfchen, das beim Sitzen zwickt, wird vermutlich nicht gerne „besessen". Es ist sinnvoll, das Töpfchen dort aufzustellen, wo sich das Kind gerne aufhält – also z.B. im Wohn- bzw. Kinderzimmer. Ein Töpfchen bzw. Toilettensitzverkleinerer im Bad / WC sollte selbstverständlich sein.

Tragetuch / Komforttrage: Das Tragetuch bzw. bei schwereren Babys und Kleinkindern eine Komforttrage mit Hüftgurt ist nicht nur praktisch, weil die tragende Person beide Hände frei hat, während das Baby betreut wird. Tragen ist meist auch die perfekte Lösung, wenn es darum geht, das Baby zu beruhigen und einzuschlummern. Warum? Babys sind „Traglinge", und während des Tragens im Tragetuch fühlt sich ein Baby wie in Mamas Bauch: beschützt und geborgen. Richtiges Tragen (Tragen in der Anhock-Spreiz-Haltung mit Babys Gesicht zum Gesicht des Tragenden bzw. auf dem Rücken mit Babys Gesicht in Richtung Rücken des Tragenden gerichtet) fördert zudem die gesunde Hüftentwicklung. Babys, die Pipi oder Kacka machen müssen, lassen dies im Tragetuch bzw. in der Komforttrage unschwer erkennen durch unruhiges Verhalten. Dies wird unter anderem nach einem Nickerchen der Fall sein, denn dann müssen Babys – genau wie auch wir Erwachsene – meist aufs Klo.

Trainerhosen: Im Schritt mit mehreren Sauglagen verstärkte Unterhosen für Babys und Kleinkinder. Im Internet gibt es mehrere Läden, die solche Trainerhosen anbieten, oftmals auch mit lustigen Motiven oder in verschiedenen bunten Farben. Einige Trainerhosen sind nur saugfähig, manche dazu auch noch wasserdicht, was jedoch dazu führen kann, dass das Baby leichter schwitzt.

Unfall: Humorvoll von Eltern und Babypflegern gebraucht, die davon reden, dass beim windelfreien Baby Pipi oder Kacka in die Hose gegangen ist.

Wachstumsschub: Babys wachsen nicht kontinuierlich, sondern auch in sogenannten Wachstumsschüben. Was gestern noch gut „funktioniert" hat, mag das Baby am nächsten Tag möglicherweise überhaupt nicht mehr. Das Baby ist verunsichert, da sich seine Welt durch den Wachstumsschub verändert hat, und auch die Eltern fühlen sich manchmal wie vor den Kopf gestoßen, da sie das Baby nicht mehr „bedienen" können. Ein Trost: Auch die wirrsten Wachstumsschübe gehen früher oder später vorbei und Ihr Baby wird wieder „normal". Wenn windelfreie Babys während eines Wachstumsschubes nicht die üblichen Ausscheidungssignale von sich geben, ist das durchaus üblich. Eventuell gelingt es, zumindest das erste Pipi nach dem Schlafen abzuhalten. Und wenn nicht, auch egal. Lassen Sie sich nicht entmutigen! Ihr Baby hat jetzt Wichtigeres zu tun, als Pipi oder Kacka zu melden. Die nächste erfolgreiche Windelfrei-Phase kommt bestimmt.

Windelausschlag / Windeldermatitis: siehe *Saubermachen*

Windelfreie Babys: Durch eine windelfreie Babyzeit wird die Kommunikation zwischen Mutter / Vater und Baby gestärkt, denn nicht nur Hungerzeichen des Babys werden von den Eltern bzw. weiteren Bezugspersonen bemerkt und befriedigt, sondern auch jene Zeichen, die Ausscheidungen des Babys ankündigen.

Windeln: Bezeichnung für Utensilien, die vermeiden, dass Babys Pipi oder Kacka an die frische Luft gelangt. Es gibt viele verschiedene Arten von Windeln: solche aus Plastik mit Granulatfüllung, die aufquillt, wenn sie feucht wird, aber auch Windeln aus verschiedenen Stoffarten (Baumwolle, Hanf, Bambus, ...). Wenn mit Stoffwindeln gewickelt wird, schützen Überhosen (z. B. aus Wollfilz oder Mikrofaser) die Kleidung des Babys vor einem Übergreifen der Nässe. Das Wickeln mit Stoff erfordert wesentlich mehr Aufmerksamkeit von der Mutter / dem Vater / der Betreuungsperson als das Wickeln mit Plastikwindeln. Sofern sich kein Stuhl in Babys Windel befindet, kann eine Plastikwindel mehrere Stunden am Körper des Kindes belassen werden. Sie wird dann zwar schwerer und behindert unter Umständen das Kind dabei, sich fortzubewegen, aber sie lässt keine direkte Nässe nach außen dringen. Stoffwindeln werden durch die Ausscheidungen des Babys sofort nass. Das Kind spürt diese Nässe und empfindet sie in aller Regel als unangenehm. Viele Mütter sind der Überzeugung, dass ihr Kind deshalb früh trocken und sauber geworden ist, weil es mit Stoff gewickelt wurde und so immer gleich gemerkt hat, wann es nass war. Diese Art des „Biofeedbacks" fehlt Kindern, die mit Plastikwindeln groß werden. Sie sind „immer trocken", auch wenn sie ihre Ausscheidungen permanent in die Hose machen.

Windeln / Nachteile: Plastikwindeln sind teuer (ca. 30 Eurocent pro Stück), außerdem produzieren sie viel Müll: Die meisten Kinder werden zwei bis drei Jahre lang gewickelt, und zwar fünf bis sechs Mal täglich. Das bedeutet im Schnitt 4.000 bis 6.500 verbrauchte Plastikwindeln, ca. 1.200 bis 2.000 Euro an Kosten und ca. eine Tonne Restmüll pro Kind. Mehrweg-Wickelsysteme aus Stoff sind zwar umwelt- und kostenfreundlicher, aber natürlich muss man auch hier den Rohstoff- und Energieverbrauch (Wasser, Waschmittel, Strom) sowie die Zeit und Arbeitskraft berücksichtigen, die für die Pflege der Mehrweg-Windeln aufgebracht werden müssen.

Windeln / Vorteile: Unterwegs, z.B. im Auto, bieten Windeln einen zuverlässigen Schutz vor nasser Babykleidung. Auch für Freunde von natürlicher Säuglingspflege gibt es Situationen, die ein komplettes Weglassen der Windel manchmal nahezu unmöglich machen (siehe *krankes Baby*). In diesem Fall können Windeln eine praktische Übergangslösung bieten. Während Stoffwindeln gewaschen und getrocknet werden müssen, kann man Plastikwindeln in fast jedem Supermarkt (auch im Ausland) erwerben und nach Gebrauch in die Mülltonne werfen. Inzwischen gibt es auch kompostierbare Einweg-Öko-Windeln.

Windeln / weglassen: siehe *windelfreie Babys*

Wundschutz: siehe *Saubermachen*

Die Sachbuchreihe

Für alle Kinder, die einfach noch mehr wissen wollen.

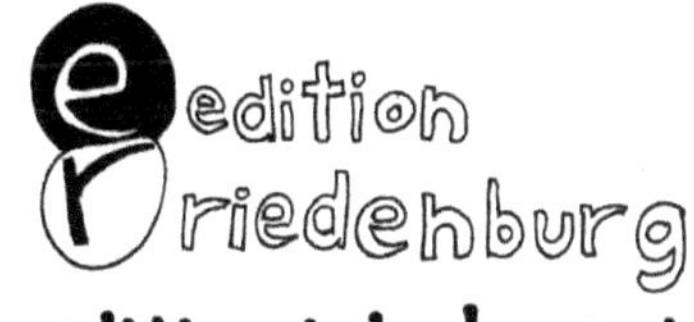

editionriedenburg.at

[1] **Mamas Bauch wird kugelrund** – Aufklärung, Sex, Zeugung und Schwangerschaft

[2] **Ein Baby in unserer Mitte** – Geburt, Stillen, Babypflege und Familienbett

[3] **Unsere kleine Schwester Nina** – Stillen, Zahnen, Beikost und Babys erstes Jahr

[4] **Besonders wenn sie lacht** – Lippen-Kiefer-Gaumenspalte: Ernährung, Operation, Heilung

[5] **Das doppelte Mäxchen** – Zwillinge: Geburt, Stillen und Babys im Doppelpack

[6] **Das große Storchenmalbuch mit Hebamme Maja** – Aufklärung, Geburt, Babyzeit

[7] **Tragekinder** – Ursprung und Methoden des bequemen Baby- und Kindertragens

[8] **Mama und der Kaiserschnitt** – Kaiserschnitt, nächste Schwangerschaft und Geburt

[9] **Mini ist zu früh geboren** – Frühgeburt [in Vorbereitung befindlich]

[10] **Klara weint so viel** – Schreibaby [in Vorbereitung befindlich]

[11] **Lilly ist ein Sternenkind** – Verwaiste Geschwister und Trauer nach Verlust eines Kindes

[12] **Oma braucht uns** – Pflege alter Familienmitglieder [in Vorbereitung befindlich]

[13] **Oma war die Beste!** – Abschied nehmen, Sterben und Trösten

[14] **Unser Baby kommt zu Hause!** – Hausgeburt und Begleitung durch die Hebamme

[15] **Baby Lulu kann es schon!** – Natürliche Säuglingspflege und windelfreies Baby

[16] **Finja kriegt das Fläschchen** – Fläschchen geben und (teilweises) Stillen

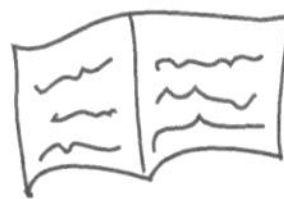

Im (Internet-)Buchhandel in Deutschland, Österreich und der Schweiz

www.editionriedenburg.at

Beliebte Bücher zu Schwangerschaft, Geburt und Frauengesundheit

Der Kaiserschnitt hat kein Gesicht

Fotobuch, Wegweiser und Erfahrungsschatz

Über 150 Kaiserschnitt-Mütter und geburtshilfliche ExpertInnen klären auf zum Thema Kaiserschnitt und die Folgen, 60 Kaiserschnitt-Mütter zeigen ihre Narben. Als realistische Vorbereitung auf einen geplanten Eingriff oder zur Trauma-Bewältigung.

Meine Wunschgeburt

Selbstbestimmt gebären nach Kaiserschnitt

Die meisten Mütter möchten ihr Kind verletzungsfrei auf natürlichem Wege zur Welt bringen. „Meine Wunschgeburt" zeigt Schwangeren, ihren Partnern, GeburtshelferInnen und weiteren Fachpersonen Wege auf, wie dies gelingen kann.

Luxus Privatgeburt

Hausgeburten in Wort und Bild

Über 100 Mütter – auch im Zustand nach Kaiserschnitt(en) – berichten von ihren Erfahrungen mit der Hausgeburt. Berührende s/w-Fotoaufnahmen, die vor, während und nach den Geburten gemacht wurden, gewähren hautnahe Einblicke und machen Lust auf interventionsfreie Geburtshilfe.

Lass es raus!

Die freie Geburt: Methode mit Gebärmutter, Scheide und Co

Lektüre für das selbstbestimmte Gebären aus eigener Kraft.

Still die Badewanne voll!

Das freie Säugen: Methode mit Brüsten, Nippeln und Co

Das humorvolle Stillbuch. Mit speziellen Tipps bei schmerzhaftem Anfangsstillen.

Regelschmerz ade!

Die freie Menstruation: Methode ohne Binden, Tampons und Co

Die monatliche Ei-Geburt hilfsmittelfrei und möglichst schmerzfrei erleben.

Die Sachbuchreihe zu kindlichen und jugendlichen Spezialthemen
* Im (Internet-)Buchhandel in Deutschland, Österreich und der Schweiz *

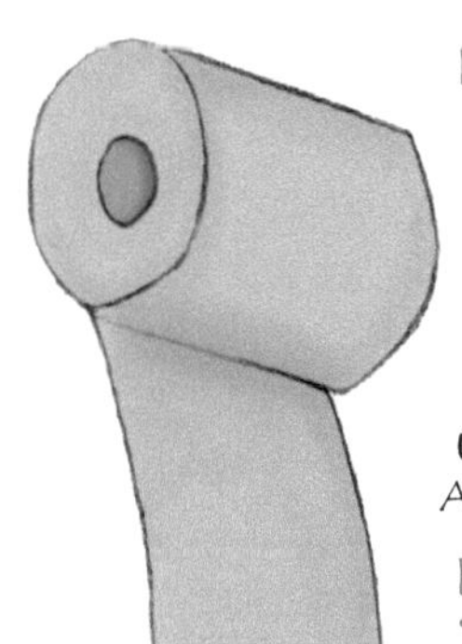

BAND 1: „VOLLE HOSE"

Einkoten bei Kindern: Prävention und Behandlung
Autorinnen: Sigrun Eder | Daniela Klein * Illustrator: Michael Lankes

BAND 2: „MACHEN WIE DIE GROSSEN"

Kacke und Pipi: Was Kinder und ihre Eltern über Toilettenfertigkeiten wissen sollen
Autorinnen: Sigrun Eder | Daniela Klein * Illustrator: Michael Lankes

BAND 3: „NASSES BETT"

Nächtliches Einnässen bei Kindern: Prävention und Behandlung
Autorinnen: Sigrun Eder | Elisabeth Marte * Illustratorin: Hedda Christians

BAND 4: „PAULINE PURZELT WIEDER"

Hilfe für übergewichtige Kinder und ihre Eltern
Autorinnen: Sigrun Eder | Anna Maria Cavini * Illustrator: Jakob Möhring

BAND 5: „LORENZ WEHRT SICH"

Hilfe für Kinder, die sexuelle Gewalt erlebt haben
Autorin: Sigrun Eder * Illustratorin: Silvia Kettl

BAND 6: „JUTTA JUCKT'S NICHT MEHR"

Hilfe bei Neurodermitis – ein Sachbuch für Kinder und Erwachsene
Autorinnen: Sigrun Eder | Anna Maria Cavini * Illustratorin: Hedda Christians

BAND 7: „KONRAD, DER KONFLIKTLÖSER"

Strategien für gewaltloses Streiten
Autorinnen: Sigrun Eder | Daniela Molzbichler * Illustratorin: Evi Gasser

BAND 8: „ANNIKAS ANDERE WELT"

Hilfe für Kinder psychisch kranker Eltern
Autorinnen: Sigrun Eder | Petra Rebhandl * Illustratorin: Evi Gasser

Die Reihe wird fortgesetzt!

www.editionriedenburg.at

edition riedenburg

www.editionriedenburg.at

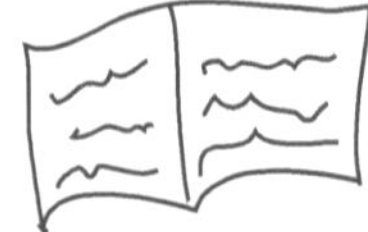

Ausgewählte Titel der edition riedenburg

Buchreihen

Ich weiß jetzt wie! Reihe für Kinder bis ins Schulalter
SOWAS! – Kinder- und Jugend-Spezialsachbuchreihe
Verschiedene Alben für verwaiste Eltern und Geschwister

Einzeltitel

Alle meine Tage – Menstruationskalender
Annikas andere Welt – Psychisch kranke Eltern
Aus dem Schmerz in die Freiheit – Missbrauch
Baby Lulu kann es schon! – Windelfreies Baby
Besonders wenn sie lacht – Lippen-Kiefer-Gaumenspalte
Bitterzucker – Nierentransplantation
Brüt es aus! Die freie Schwangerschaft
Das doppelte Mäxchen – Zwillinge
Das große Storchenmalbuch mit Hebamme Maja
Das Wolfskind auf der Flucht – Zweiter Weltkrieg
Der Kaiserschnitt hat kein Gesicht – Fotobuch
Diagnose Magenkrebs ... und zurück ins Leben
Die Josefsgeschichte – Biblisches von Kindern für Kinder
Die Nonnenfrau – Austritt aus dem Kloster
Drei Nummern zu groß – Kleinwuchs
Egal wie klein und zerbrechlich – Erinnerungsalbum
Ein Baby in unserer Mitte – Hausgeburt und Stillen
Erinnerungen sind kleine Sterne – Erinnerungsalbum
Finja kriegt das Fläschchen – Für Mamas, die nicht stillen
Frauenkastration – Fachwissen und Frauen-Erfahrungen
Ich war ein Wolfskind aus Königsberg – DDR und BRD
In einer Stadt vor unserer Zeit – Regensburg-Reiseführer
Jutta juckt's nicht mehr – Hilfe bei Neurodermitis
Klara weint so viel – Schreibaby
Konrad, der Konfliktlöser – Konfliktfreies Streiten
Lass es raus! Die freie Geburt
Lilly ist ein Sternenkind – Verwaiste Geschwister
Lorenz wehrt sich – Sexueller Missbrauch
Luxus Privatgeburt – Hausgeburten in Wort und Bild
Machen wie die Großen – Rund ums Klogehen
Maharishi Good Bye – Tiefenmeditation und die Folgen
Mama und der Kaiserschnitt – Kaiserschnitt
Mamas Bauch wird kugelrund – Aufklärung für Kinder
Manchmal verlässt uns ein Kind – Erinnerungsalbum
Meine Folgeschwangerschaft – Schwanger nach Verlust
Meine Wunschgeburt – Gebären nach Kaiserschnitt
Mein Sternenkind – Verwaiste Eltern
Mini ist zu früh geboren – Frühgeburt
Mit Liebe berühren – Erinnerungsalbum
Mord in der Oper – Bellinis letzter Vorhang
Nasses Bett – Einnässen
Oma braucht uns – Pflegebedürftige Angehörige
Oma war die Beste! – Trauerfall in der Familie
Pauline purzelt wieder – Übergewichtige Kinder
Regelschmerz ade! Die freie Menstruation
So klein, und doch so stark! – Extreme Frühgeburt
So leben wir mit Endometriose – Hilfe für betroffene Frauen
Soloschläfer – Erholsamer Mutter-Kind-Schlaf ohne Mann
Still die Badewanne voll! Das freie Säugen
Stille Brüste – Das Fotobuch für die Stillzeit und danach
Tragekinder – Das Kindertragen Kindern erklärt
Und der Klapperstorch kommt doch! – Kinderwunsch
Und wenn du dich getröstet hast – Erinnerungsalbum
Unser Baby kommt zu Hause! – Hausgeburt
Unser Klapperstorch kugelt rum! – Schwangerschaft
Unsere kleine Schwester Nina – Babys erstes Jahr
Volle Hose – Einkoten bei Kindern
Wann kommt die Sonne? – Lebertransplantation
Wenn der Krieg um 11 Uhr aus ist, seid ihr um 10 Uhr alle tot! – Schulprojekt zum ehemaligen KZ-Außenlager Obertraubling

Bezug über den (Internet-)Buchhandel in Deutschland, Österreich und der Schweiz.